ကိန်းဂဏန်း ပုံပြင်

THE NUMBER STORY

SMALL BOOK ONE

ENGLISH - BURMESE

Numbers Teach Children Their Number Names

written and illustrated by

MISS ANNA

Early Reader Edition of *The Number Story 1*
Bronze Medal Winner, 2016 Wishing Shelf Book Award

Cover by | Lumpy Publishing
Layout by | Lumpy Publishing
Translated by Asher Lin
Coloring by Jieeun Woo and Maria Mirabella

Library of Congress Control Number: 2018902040

Names: Miss Anna, author.
Title: Number story : numbers teach children their number names / Miss Anna.
Description: Portland, OR: Lumpy Publishing, 2018.
Identifiers: ISBN 978-1-945977-75-6| LCCN 2018902040
Summary: The pictures and rhymes present stories which introduce numbers 0-10.
Subjects: LCSH Numeration—English--Burmese--Pictorial works--Juvenile literature. | BISAC JUVENILE NONFICTION /
Languages: English--Burmese
Classification: LCC QA141.3 .M57 2018 | DDC 513—dc23

Publisher: Lumpy Publishing
Website: www.missannabooks.com
Email: missanna@missannabooks.com

Paperback: ISBN 978-1-945977-75-6
Printed in the U.S.A.   1 3 5 7 9 10 8 6 4 2

Want to learn our number names?

ကိန်းဂဏန်းတွေရဲ့ အမည်ကို
လေ့လာချင်ပါသလား။

It is **very** easy and a lot of fun!

လွယ်လွယ်လေးနဲ့ အရမ်းကို
ပျော်စရာကောင်းပါတယ်။

Say-along our little jingle

ကျွန်ုပ်တို့ရဲ့ ဇတ်လမ်းလေးအတိုင်း သီဆိုကြည့်ပါ။

starting from Number One!

နံပါတ် တစ် ကနေ စကြရအောင်။

O N E   looks like my one finger.

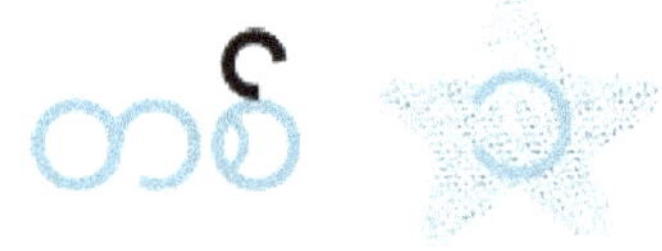

တစ် ဆိုတာ ကျွန်တော့် လက်ညှိုးလိုပါပဲ။

1
ONE!
တစ်။

2

TWO   trails a tail.

နှစ်

နှစ် မှာတော့ အမြီးနဲ့ပါ။

A TAIL! အမြီး

3

THREE   has bumps.

သုံး

သုံး ဟာ တောင်တန်းနဲ့ တူပါတယ်။

တောင်ကုန်းလေးတွေ အတိုင်းပဲဟော့။

4

FOUR   carries a sail.

လေး ၄

လေး ကတော့ လှေတစ်စင်းပါ။

ရွက်တိုင်ပါတဲ့ လှေတစ်စင်း။

5

FIVE   is a racing track.

ငါး

ငါး ဆိုတာ ကားမောင်းပြိုင်ကွင်း ဖြစ်တယ်။

VROOM
Oil
1

6

SIX curves like a snail.

ခြောက် ၆

ခြောက် ဟာ ခရုလို ကွေးကွေးလေးပါ။

A SNAIL! ୬୩॥

7

SEVEN has a sharp angle.

ခုနစ် ၇

ခုနစ် မှာ ထောင့်ချွန်တစ်ခု ရှိပါတယ်။

BE CAREFUL! IT'S SHARP!
သတိထားပါ။ အဲဒါက ချွန်နေတယ်။

8

EIGHT   is rollercoaster rails.

ရှစ်   ၈

ရှစ် ဟာ ရိုလာကိုစတာ ဖြစ်ပါတယ်။

ရေ။
YIPPEE!

9

NINE is a bubble on a stick.

ကိုး ၉

ကိုး ဟာ တုတ်ချောင်းပေါ်က
ရေပူဖောင်းပါ။

A BUBBLE! ရေပွေဖောင်း။

10

TEN is an eye of a whale.

တစ်ဆယ် ၁၀

တစ်ဆယ် ကတော့ ဝေလငါးရဲ့

မျက်လုံးတစ်ဖက်ပေါ့။

HELLO!

ဟာယ်လို။

And

ပြီးတော့

0

ZERO   is an empty pail.

သုည

သုည ဟာ ဘာမှမရှိတဲ့ ရေပုံးပါ။

IT'S
EMPTY!
ဘာမွမရှိဘူး။

Thank you for playing with us today.

We had a lot of fun too!

ဒီနေ့ အတူကစားတဲ့အတွက် ကျေးဇူးတင်ပါတယ်။

ကျွန်ုပ်တို့လည်း အရမ်းပျော်ပါတယ်။

We are your Number friends,
Zero to Ten,
Who will be here for you~

ကျွန်ုပ်တို့ဟာ သင့်သူငယ်ချင်းတွေ ဖြစ်ပါတယ်၊
သုညကနေ တစ်ဆယ်။
သင့်အနားမှာ အမြဲတမ်း ရှိနေမယ်နော်။

Bye-bye now!
See you again soon.

ဘိုင့်ဘိုင်။
နောက်မှ ထပ်တွေ့ကြမယ်။

www.ingramcontent.com/pod-product-compliance
Lightning Source LLC
Chambersburg PA
CBHW041058050726
47599CB00018B/2199